Sprachfreunde 3

5-Minuten-Training
Richtig schreiben

Erarbeitet von
Katrin Junghänel

VOLK UND WISSEN

Sprachfreunde 3

5-Minuten-Training
Richtig schreiben

Erarbeitet von
Katrin Junghänel

Redaktion: Kirsten Pauli
Illustrationen: Barbara Schumann, Uta Bettzieche (Hund, Detektiv)
Umschlaggestaltung: tritopp, Berlin
Umschlagillustration: Christa Unzner, Uta Bettzieche (Hund, Detektiv), Karl-Heinz Wieland
Layout und technische Umsetzung: tritopp, Berlin

www.vwv.de

1. Auflage, 4. Druck 2012

Druck: H. Heenemann, Berlin

ISBN 978-3-06-082788-6

Inhalt gedruckt auf säurefreiem Papier aus nachhaltiger Forstwirtschaft.

5-Minuten-Training

Kurz, knapp, kompetenzorientiert und motivierend unterstützt das 5-Minuten-Training durch das tägliche Training einen erfolgreichen Deutschunterricht.
Das Heft ist vielfältig einsetzbar: als „Kopferwärmung“ zum Stundenstart, als tägliche Übung, als Materialpool für schnell arbeitende Kinder, als Teil von Lernstraßen und Stationen, für Hausaufgaben, für Einzel-, Partner- oder Gruppentraining.

Wichtiges ständig wiederholen

In kurzen Übungssequenzen werden wichtige Lerninhalte wiederholt, trainiert und gefestigt sowie Lerntechniken erfolgreich angewendet. Die stets wiederkehrenden und bekannten Arbeitsformen geben Sicherheit und machen Erklärungen durch die Lehrkraft überflüssig.

Üben soll Spaß machen

Abwechslungsreiche Übungsformate wie verschiedene Rätsel, Knobeleien, Logikfolgen, Stolpersätze und Wahrnehmungsübungen wechseln sich ab, regen zum Denken an und trainieren so „ganz nebenbei“.

Eselsbrücken

Die kleinen Reime helfen den Kindern, sich Wichtiges besser zu merken.

Knacknüsse

Diese Aufgaben sind für Knobler und Denker, die sich gerne schwierigen Aufgaben stellen wollen, oder für differenziertes und individualisiertes Lernen einsetzbar.

„Bist du fit?“-Seiten

Die Kinder und die Lehrkraft erhalten auf den „Bist du fit?“-Seiten sofort Rückmeldung über den Stand des Gelernten.

Arbeitsfortschritt

Auf Seite 60 wird durch das Ausmalen der bearbeiteten Seiten (außer „Bist du fit?“) der Arbeitsfortschritt dokumentiert.

Sei nicht dumm und merk dir bloß,
Substantive schreibt man groß!

1 Schreibe die Wörter in das richtige Regalfach!

TAFEL, LEHRER, WUNSCH, FREUNDIN,
ÄRGER, BUCH, SCHÜLER, ANGST, BANK

Personen	**Gegenstände**	**andere Substantive**

2 Verbinde die Substantive mit dem richtigen Artikel!

Weg	der
Buch	die
Tisch	das
Gruß	
Bitte	
Wunsch	

1 Setze richtig zusammen!
Schreibe die Substantive auf!

Wasser +  = der Wasserhahn

Sport +  = die

 + Haus = das

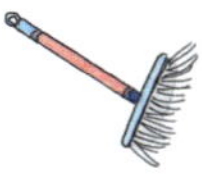 + Stiel = der

Du kannst auch 3 Substantive zusammensetzen!

Bade | Tür
Kinder | Schrank
Klassen | Möbel

Badezimmermöbel,

1 Schreibe zu jedem Bild das richtige Wort mit Artikel auf!

 der

2 Ordne die Wörter mit H aus Aufgabe 1 nach dem Alphabet!

3 Trenne die Wörterschlange! Schreibe den Satz richtig auf!

Achte auf Groß- und Kleinschreibung!

WIRLEGENHEFTEUNDBÜCHERBEREIT.

Hörst du das Ende nicht genau,
verlängere, dann bist du schlau!

1 Hänge den richtigen Buchstaben an!

g oder k? der Ber____ die Ban____

b oder p? der Die____ das Sie____

2 Schreibe die Wörter auf!

3 Selbstlaut-Geheimschrift! Schreibe das Gemüse immer unter das passende Geheimzeichen!

o a e

Tomate

Kartoffel, Gurke, Paprika

a i a u e a o e

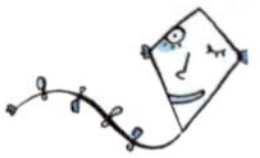

1 In diesem Haus wohnen elf Herbstwörter.
Male sie farbig an!

S	H	G	B	L	Ä	T	T	E	R	R
T	U	S	R	I	K	Ö	Z	R	H	E
U	L	E	I	C	H	E	L	N	W	I
R	D	W	E	H	E	N	M	T	J	F
M	C	Q	G	T	N	E	B	E	L	G
H	T	R	A	S	C	H	E	L	N	B
B	N	D	Ä	P	F	E	L	Ö	S	T
Z	K	A	R	T	O	F	F	E	L	E

2 Schreibe sie auf!
Achte auf Groß- und Kleinschreibung!

3 Setze die Abc-Reihe richtig fort!

A B c d E F ______

______ Y Z

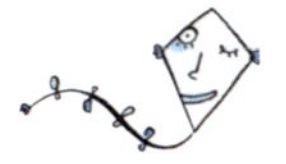

1 Ordne immer das passende Adjektiv zu!
Male die Paare mit gleicher Farbe an!

bunt	Eichel
stark	Ernte
dicht	Sturm
braun	Nebel
reich	Drachen
lustig	Blätter

2 Schreibe nun so:

bunte Blätter,

3 Suche diese Tiere im Wörterbuch!
Schreibe Seite und Spalte so auf!

 S. 116, Sp. 2

Lies genau!
Trage immer das richtige Satzschlusszeichen ein!
Du erhältst ein Lösungswort.

Liegen die Äpfel im Korb ☐ A
Leg die Äpfel in den Korb ☐ W
Die Äpfel liegen im Korb ☐ S

Nimmst du einen Schirm mit ☐ I
Du nimmst einen Schirm mit ☐ F
Nimm einen Schirm mit ☐ D

Fege die bunten Blätter zusammen ☐ V
Fegst du die bunten Blätter zusammen ☐ G
Paul fegt die bunten Blätter zusammen ☐ N

Sammelt Eicheln auf ☐ D
Wir sammeln Eicheln auf ☐ O
Sammeln wir Eicheln auf ☐ P

Lösungswort:

!	?	.	!
☐	☐	☐	☐

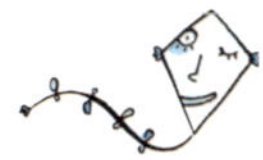

1 Hier sind zwei Wortfamilien durcheinandergeraten. Sortiere sie richtig in die Tabelle ein!

bewundern, der Wanderer, gewandert,
das Wunder, verwundert, du wanderst

wandern	**wundern**
______________	______________
______________	______________
______________	______________

2 Findest du noch ein eigenes Wort?

____

3 Setze das Verb in der richtigen Personalform ein!

Die Familie ______________ heute in den Wald.
gehen

Mutti ______________ den großen Korb mit.
nehmen

______________ du auch gerne Pilze?
sammeln

1 Trage die passende Personalform aus dem Stern ein!

Gestern ______________ ich mit Leon Fußball.

Voriges Jahr ______________ er neu in unsere Klasse.

Früher ______________ er in einer anderen Stadt.

Damals ______________ er noch niemanden.

Jetzt ______________ er mein Freund.

Nun ______________ wir sogar jeden Tag zusammen zur Schule.

Heute ______________ er neben mir.

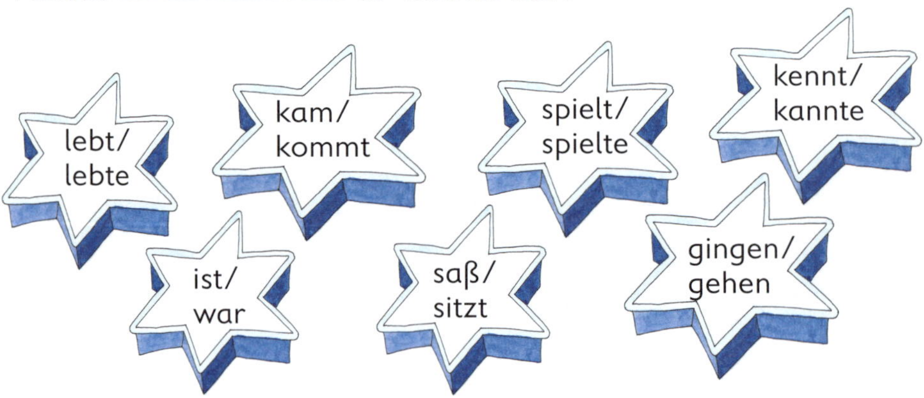

2 An welchen Wörtern im Text hast du die richtige Zeitform erkannt? Unterstreiche sie farbig!

1 Alles mit sch/ch

Trage die Bildwörter richtig ein!

Du erhältst ein Lösungswort.

1.  2. 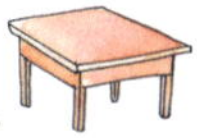 3.  4.  5.  6. 

1.									
2.									
3.									
4.									
5.			C	H					
6.									
					G				

2 Setze die richtigen Personalpronomen ein!

ich du er wir

sehe	rechnet	siehst	laufen
gehe	schreibt	fühlst	rennen
stehe	spricht	hörst	schleichen

Suche im Wörterbuch!

das erste Wort mit E: ______________________

ein Tier mit L: ______________________

das letzte Verb mit r: ______________________

ein Fest mit W: ______________________

ein Gebirge mit A: ______________________

1 Geheime Botschaft! Kannst du sie entziffern?

berLie tinMar,

wir fentref uns am tagMit
an der ßengro cheEi.
Sei lichpünkt!

Dein nesHan

Treffpunkt: ______________________

Zeitpunkt: ______________________

Absender: ______________________

Adressat: ______________________

1 Bauernhof-Kuddelmuddel.
Füge die passenden Teile so zusammen:

Frösche	meckern	im Hof.
Pferde	gackern	im Schilf.
Enten	quaken	im Stall.
Hühner	wiehern	auf dem Teich.
Ziegen	schnattern	auf der Koppel.

2 Wähle zwei Sätze aus! Schreibe sie richtig auf!

____

____

3 Lies genau! Kennzeichne die Teile der Geschichte dann mit E = Einleitung, H = Hauptteil, S = Schluss!

☐ Plötzlich klirrte es laut. „Ein Einbrecher!“, flüsterte Anna erschrocken und verkroch sich ängstlich unter der Bettdecke. …

☐ Es geschah in einer stürmischen Herbstnacht. Anna und ihre Eltern schliefen schon fest.

☐ „Zum Glück war es nur Kätzchen Minka“, lachte Mutti. Beruhigt schlief Anna wieder ein.

Bist du fit?

1 Ordne die Wörter nach dem Abc!
Schreibe die Reihenfolge
als Zahl ins Kästchen! | 2

☐ ☐ 1 ☐ ☐ ☐ ☐

fliegen, Hose, Adler, fangen, rennen, Herz, Rad

2 Entscheide dich für den richtigen Endbuchstaben!
Schreibe immer die Mehrzahl daneben! | 3

der Kor___ (b/p) – die ____________

der Hu___ (d/t) – die ____________

der We___ (g/k) – die ____________

3 Ergänze die Personalformen
von **fragen** richtig! | 6

ich ____________, er ____________

ihr ____________, du ____________

es ____________, wir ____________

4 Verbinde passende Wörter!
Schreibe die zusammengesetzten Substantive
mit Artikel auf! |4

Drachen Saft

Apfel Schirm

Regen Schnur

____

____

5 Unterstreiche das **Grundwort** rot
und das **Bestimmungswort** grün! |1

6 Setze die Sätze ins Präteritum!
Schreibe sie auf! |4

Lara geht einkaufen. Sie holt viel frisches Obst.

____

____

Du hast ☐ von 20 Punkten erreicht.

1 Verpurzelte Märchenwörter

Baue die Wörter richtig zusammen
und schreibe sie auf!

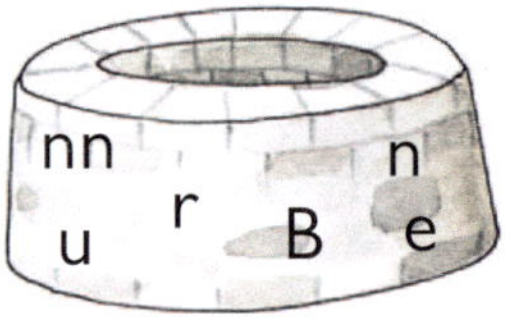

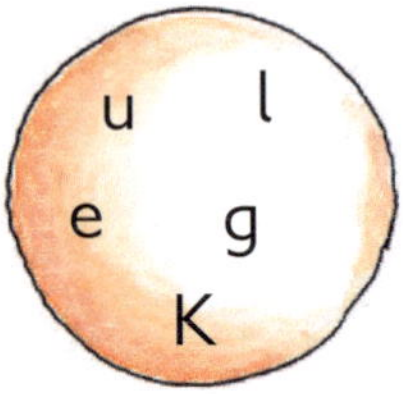

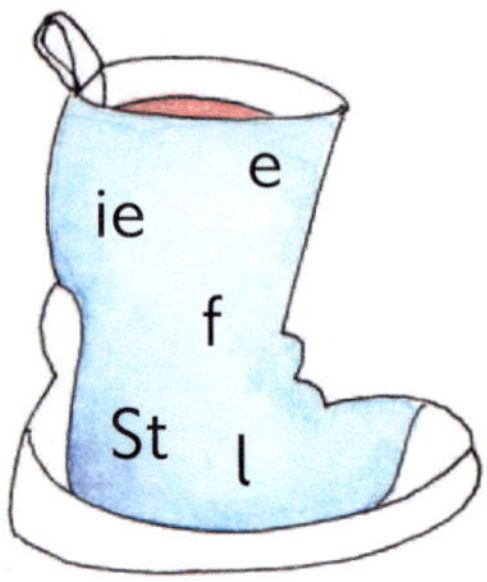

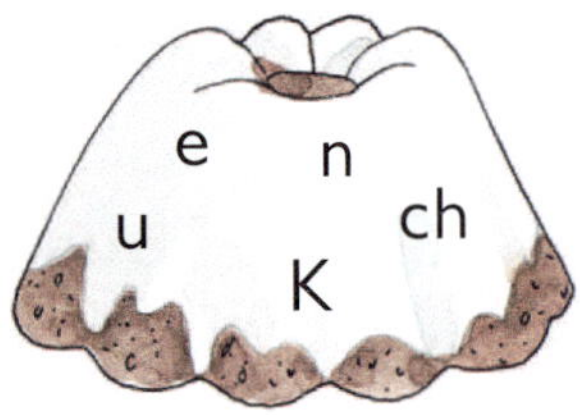

2 Trenne die Wörter! Schreibe sie mit Artikel so auf:

die Ku-gel,

1 In jeder Zeile passt **eine** Märchenfigur nicht dazu. Rahme sie farbig ein!

Großmutter – Mädchen – Prinz – Wolf

Hänsel – Hexe – Zwerge – Gretel

Frosch – Jäger – Prinzessin – König

Esel – Hund – Räuber – Stiefmutter

2 Schreibe die eingerahmten Wörter hier auf!

___

___

3 Ordne die Wörter aus Aufgabe 2 nach dem Alphabet! Schreibe sie dann auf!

___

___

4 Zu welchem Märchen gehören diese Figuren?

___

___

1 Lies genau! Setze dann immer das richtige Wort ein! Die Spiegelwörter helfen dir.

Falsche Märchensprüche

„Rapunzel, lass dein Springseil herunter!",
rief die böse Zauberin munter.
Das ist natürlich gar nicht wahr,

Rapunzel ließ herab sein ______________.

„Großmutter, warum hast du so große Füße?",
fragte das Rotkäppchen, das süße.
Auch dieser Punkt, der geht verloren,

Rotkäppchen sah nur sehr große ______________.

„Iglein, Iglein, an der Wand,
wer ist die Schönste im ganzen Land?"
Schon wieder falsch, es war nicht der Igel.

Die Königin fragte oft ihren ______________.

„Wer hat in meinem Auto gesessen
und meine leckere Pizza gegessen?"
Doch fragte der Zwerg, du hast's nicht vergessen:

„Wer hat auf meinem ______________ gesessen?"

NERHO RAAH NEHCLHÜTS LEGEIPS

Ordne die Wörter richtig in die Schatztruhen ein!
Prüfe die Anzahl der Silben!

bringen, Punkt, klingen, schenken,
eng, krank, dunkel, Klang

1 In jedem Satz ist ein Satzglied zu viel.
Male es farbig aus!

Winterabend

[Mutti] [kocht] [rodeln] [heißen Tee].

[Vati] [bastelt] [mit Paul] [du].

[Morgen] [Julia] [las] [gestern] [ein spannendes Buch].

[Oma] [strickt] [gehst] [einen langen Schal].

2 Baue aus den farbigen Satzgliedern einen neuen Satz! Schreibe ihn auf!

____

____

3 Stelle den Satz nun um! Schreibe ihn auf!

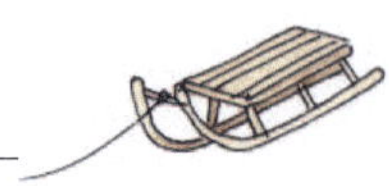

____

____

4 Schreibe den Satz auch als Fragesatz auf!

____

Diese Wörter sind falsch gegliedert.
Rahme immer das ganze Wort farbig ein!

e i n p a c k e n a b k l o p f e n m i t g e

h e n a b h o l e n a u s r u t s c h e n

1 Ordne die gefundenen Wörter nun richtig zu!

den Schnee ______________________

ins Kino ______________________

den Freund ______________________

Geschenke ______________________

auf dem Eis ______________________

2 Ordne die eingesetzten Wörter
nach dem Abc!
Schreibe sie geordnet auf!

____

____

____

Sprichst du den Selbstlaut kurz und schnell,
sind Doppelbuchstaben zur Stell!

1 Drei Teile ergeben ein Wort.
Den Schneemannbauch brauchst du immer.
Verbinde die passenden Teile!
Schreibe die gefundenen Wörter dazu!

kennen,

Trenne die Teile der Schlittenspuren richtig ab!
Schreibe einen gefundenen Satz richtig auf!

HEUTERODELNWIRINSTAL.

HEUTERODELNWIRGANZSCHNELLINSTAL.

HEUTESAUSENWIRMITDEMSCHLITTENINSTAL.

1 Suche im letzen Satz das Verb!
Schreibe es in allen Personalformen auf!

1 Löse die Bilderrätsel! Schreibe die Wörter auf!

w  en = wecken

b  en = ____________________

r  ten = ____________________

s  zen = ____________________

 en = ____________________

2 Setze die Verben aus Aufgabe 1
in der richtigen Personalform in die Sätze ein!

Ich ____________________ gerne im Trab.

Wir ____________________ eine Mannschaft.

Du ____________________ Oma Blumen.

Mutti ____________________ mich rechtzeitig.

Ich ____________________ auf Glatteis.

1 Suche alle Zahlwörter heraus!

E	E	I	N	S	K	E	R	N	Z
I	Z	E	H	N	C	K	E	N	W
N	C	K	E	Z	V	I	E	L	E
I	M	E	H	R	E	R	E	Z	I
G	S	A	V	I	E	R	I	C	K
E	W	E	N	I	G	E	Ü	C	K

2 Ordne die Zahlwörter in die Tabelle ein!

bestimmte Zahlwörter	**unbestimmte Zahlwörter**
______________________	______________________
______________________	______________________
______________________	______________________
______________________	______________________

Markiere alle versteckten Zahlwörter!

beachten, verzweifeln, Einsamkeit, vierteln, Elfen

3 Addiere die gefundenen Zahlen aus der -Aufgabe!

Summe: ________

Nach l, m, n und r, das merk dir ja,
steht nie tz und nie ck!

1 Schreibe die richtigen Buchstaben in die Lücken!

k oder ck?	**z oder tz?**
we ___ en	die Mü ___ e
trin ___ en	das Her ___
der Ste ___ er	der Spi ___ er
blin ___ en	schwi ___ en
die Lo ___ e	der Schwan ___
drü ___ en	der Sa ___

2 Schreibe die Reimwörter auf!

die  – die D ______________________

die  – die B ______________________

die  – die Pf ______________________

der  – der W ______________________

1 Suche die verwandten Wörter
und male sie mit gleicher Farbe an!

füttern	der Sieg
der Wecker	backen
siegen	das Futter
der Bäcker	der Blitz
blitzen	wecken

2 Ordne die Verben nach dem Alphabet!
Schreibe sie dann auf!

3 Suche auch hier immer ein verwandtes Wort!
Schreibe es auf!

bauen –

stürmen –

planen –

spitzen –

Bist du fit?

1 Reime richtig! Schreibe die Reimwörter auf! | 6

der Schrank – kr ______ der D ______

trinken – w ______ s ______

springen – br ______ s ______

2 Suche immer ein verwandtes Substantiv!
Schreibe es **mit Artikel** daneben! | 3

füttern – ______

sammeln – ______

rollen – ______

3 Trenne die Wörter mit ck, so oft es geht!
Schreibe sie getrennt auf! | 5

wecken, er deckte, verstecken, die Strecke, trocken

______

______

4 Baue aus den Satzbausteinen jeweils einen sinnvollen Satz! Schreibe beide Sätze auf! | 3

springt | in die Pfütze | Max | im Regen | fröhlich

ich | am Nachmittag | gern | mit Freunden | spiele

5 Rahme die Prädikate in Aufgabe 4 ein! | 1

6 Stelle einen Satz aus Aufgabe 4 so um, dass ein Fragesatz entsteht! Schreibe ihn auf! | 3

Du hast ☐ von 21 Punkten erreicht.

1 Lies den Text genau! Male dann die passende Überschrift zum Text aus!

Mutti hat heute Geburtstag

Mutti hatte gestern Geburtstag

Ich ging leise in die Küche.
Dann deckte ich den Frühstückstisch.
Vati schenkte Mutti schöne Blumen.
Mutti freute sich sehr.

2 An welchen Wörtern hast du erkannt, welche Überschrift richtig ist? Unterstreiche diese Wörter!

3 Schreibe die zweite Überschrift auf die Zeile und passe die Verben an die richtige Zeitform an!

Mutti ______________________

Ich ______________________ leise in die Küche.

Dann ______________________ ich den Frühstückstisch.

Vati ______________________ Mutti schöne Blumen.

Mutti ______________________ sich sehr.

1 Findest du diese Adjektive? Schreibe sie auf!

 + leicht = *federleicht* __________

 + hart = __________

 + kalt = __________

 ~~h~~ + alt = __________

2 Setze die Adjektive an der richtigen Stelle ein!

__________ Füße haben,

ein __________ Buch lesen,

das __________ Tuch schwingen,

in __________ Brot beißen

3 Geheimschrift! Schreibe die Wörter auf!

a = □ e = ○ i = △ o = ☆ u = ◊

der F□hr○r, die Z□hl, die W☆hn◊ng

____

1 Rahme das Kuckucksei in jeder Zeile farbig ein!

Pfütze, Pilz, Pfanne, Pferd

pflücken, pflanzen, hüpfen, pflegen

Kopf, Topf, Napf, Schopf

2 Suche die Reimpaare!
Male sie mit gleicher Farbe an!

hüpfen	Pfütze	tanzen
pflanzen	schlüpfen	Mütze

3 Schreibe die Reimpaare auf!

hüpfen – ____________

____________ – ____________

____________ – ____________

4 Trenne die Verben! Schreibe so:

hüp-fen, ____________

____

____

1 Löse die Geheimschrift!
Schreibe die Wörter richtig auf!

Schreibe so:

der Stift, ______________________________

____

____

2 Suche im Wörterbuch unter **P**:
Schreibe die **Erklärung** für die Wörter auf!

Pfifferling: ______________________________

Pfropfen: ______________________________

Pappel: ______________________________

Ein Selbstlaut hängt das h gern an,
damit er lang sich dehnen kann.

1 Suche alle zehn Wörter mit h!
Markiere sie farbig!

K	B	R	X	E	P	U	S	K	Q	V	F	S
Ü	A	N	F	R	Ö	H	L	I	C	H	M	E
H	Z	L	U	E	S	R	E	I	H	E	G	H
L	O	M	S	H	G	E	H	E	N	L	C	E
P	S	I	Y	C	U	N	N	Ä	B	K	Y	N
R	W	L	S	B	Y	V	E	C	Ö	N	D	S
F	R	Ü	H	A	F	R	O	H	T	R	H	S

2 Schreibe die gefundenen Wörter auf!
Achte auf Groß- und Kleinschreibung!

1 Lies genau! Kreuze richtig an!

ein schönes Mäuschen erzählen	☐	M
ein schönes Märchen erzählen	☐	T
wegen schlimmer Krankheit fehlen	☐	O
die schlimme Krankheit stehlen	☐	A
den lahmen Herd führen	☐	M
das lahme Pferd führen	☐	L
ins kühle Bad gehen	☐	L
im kühlen Rad wehen	☐	I

Lösungswort: ______________________________

2 Suche die Adjektive in Aufgabe 1! Steigere sie!

Grundstufe	**Mehrstufe**	**Meiststufe**
____________	____________	____________
____________	____________	____________
____________	____________	____________
____________	____________	____________

1 So ein Kuddelmuddel!
Überlege, wie es richtig heißen muss!
Schreibe es auf!

Die kleine Ente knattert.
Der große Traktor schnattert.

Der geschickte Affe singt.
Die schwarze Amsel springt.

2 Frage in zwei **deiner** Sätze nach dem Subjekt!
Schreibe die Fragen hier auf!

3 Unterstreiche nun die Subjekte in **deinen** Sätzen!

1 Kennst du dich aus?
Verbinde die passenden Satzteile!

Der Igel	baut im Frühling ein Nest.
Ein junges Wildschwein	überwintert im Laubhaufen.
Das Reh	heißt Frischling.
Die Meise	knabbert die Knospen der Bäume an.

2 Schreibe zwei Sätze richtig auf!

____

____

____

3 Unterstreiche die Subjekte und rahme die Prädikate in Aufgabe 2 ein!

4 Lies den Satz! Fällt dir etwas auf?
Setze ein passendes Adjektiv ein!

Früh flitzen fünf ______________________ Füchse fort.

-chen und -lein machen alle Dinge klein.

1 Bilde immer die Verkleinerungsform!

die kleine Maus – das ______________________

eine kleine Katze – ein ______________________

ein kleiner Vogel – ein ______________________

das kleine Kalb – das ______________________

ein kleines Lamm – ein ______________________

das kleine Huhn – das ______________________

ein kleiner Hase – das ______________________

2 Markiere farbig, was sich im **Wortstamm** ändert!

3 Setze die Abc-Reihe fort!

A B c d e F G h ______________________

______________________ Z

Finde Oberbegriffe!
Suche dann noch je zwei passende Wörter
und trage sie ein!

Eiche	Igel	Birne
Kastanie	Eichhörnchen	Pflaume

1 Trenne die Wörterschlange!
Schreibe die Tiernamen mit Artikel auf!

AMEISENFUCHSSCHMETTERLINGEMEISENHASENREH

Schreibe so:

die Ameisen,

Bist du fit?

1 Unterstreiche in jedem Satz das Subjekt und rahme das Prädikat ein! | 4

1 Früher reisten die Menschen mit der Kutsche.

2 Heute fahren wir mit schnellen Autos.

2 Frage im ersten Satz nach dem Subjekt und im zweiten Satz nach dem Prädikat! | 2

Satz 1: ______________________________

Satz 2: ______________________________

3 Schreibe die Zeitformen der Sätze auf! | 2

Satz 1: ______________________________

Satz 2: ______________________________

4 Setze die fehlenden Satzzeichen! | 3

Opa fragt Fährst du mit dem Bus zur Schule

5 Wie nennt man den rot gedruckten Satz? | 1

____

6 Suche das Adjektiv in Aufgabe 1 im Satz (2)!
Unterstreiche es grün! | 1

7 Setze dieses Adjektiv zum Vergleich jeweils in der richtigen Steigerungsstufe in die Sätze ein! | 3

Das Auto fährt ____________________.

Ein Expresszug fährt noch ____________________.

Aber das Flugzeug fliegt ____________________.

8 Ergänze die Tabelle! | 3

Präteritumsform	**Grundform**
er pflückte	
ich	klopfen
sie startete	

Du hast ☐ von 19 Punkten erreicht.

1 Ordne die Verben nach dem Alphabet!
Schreibe sie geordnet auf!

aufziehen, anschauen, abschließen,
abschreiben, anschalten

____

____

____

2 Setze passende Verben aus Aufgabe 1 ein!

Alles mit dem Schreibprogramm!

Ich ______________ das Schreibprogramm ________.

Dann ______________ ich einen Textrahmen ________.

Jetzt ______________ ich den Text ________.

Danach ______________ ich mir meinen Text

noch einmal ________. Am Ende der Stunde

______________ ich die Arbeit ________.

1 Setze richtig zusammen!
Schreibe alle Substantive auf!

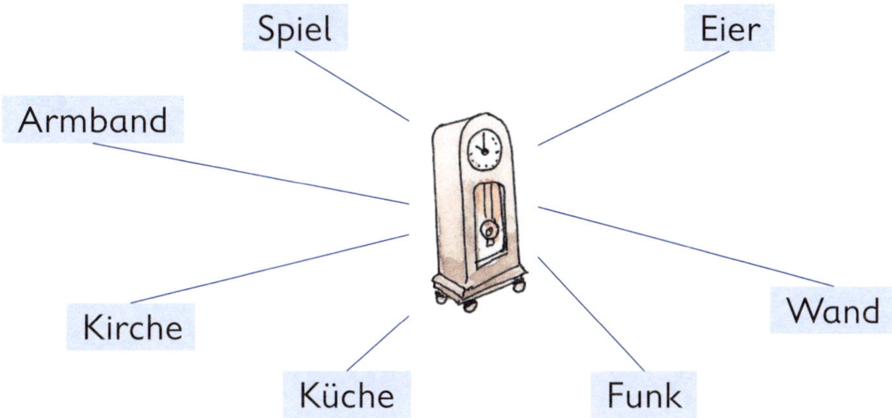

2 Unterstreiche immer das **Grundwort** rot
und das **Bestimmungswort** grün!

1 Male nur die Felder mit **Verben** mit einer Farbe aus!

2 Bilde sinnvolle Sätze! Male alle Teile, die zu einem Satz gehören, mit der gleichen Farbe an!

fleißig Nektar.

gleitet

Mäuse.

sammeln

lautlos.

Bienen

fängt

Der Löwe

Die Katze

laut im Käfig.

Eine Schlange

brüllt

1 Sonderbare Zootiere
Hier ist etwas durcheinandergeraten!
Malе die zusammengehörenden Bausteine mit gleicher Farbe aus!

Ele	mel	La	fant	Kroko	ma
Ka	dil	Ti	hund	See	ger

2 Schreibe die Tiernamen mit Artikel auf!

das Kamel,

3 Schreibe den Satz mit allen **passenden** Verben zu Ende! Achte auf die Aufzählungszeichen!

summen, kochen, fliegen, schwirren,
schwimmen, stechen, lesen

Die Mücke

1 Suche die **Erklärungen** dieser Wörter im Wörterbuch! Schreibe sie auf die freie Zeile!

die Clementine: ____________________

der Hummer: ____________________

der Jaguar: ____________________

das Wiesel: ____________________

2 Geheimschrift! Kannst du die halben Wörter erraten? Schreibe sie **untereinander** auf!

ZIEL WIESE FLIEGE BRIEF

3 Findest du noch mindestens ein Reimwort dazu? Schreibe so:

Ziel – *Spiel* – *viel*

______ – ______ – ______

______ – ______ – ______

______ – ______ – ______

In jedem Abc-Kästchen versteckt sich ein Kuckucksei. Umrahme es bunt!

ABCDEFGHIJKLUM
NOPQRSTUVWXYZ

ABCDEFGHIJKLMN
NOPQRSTUVWXYZ

ABCDEHFGHIJKLM
NOPQRSTUVWXYZ

ABCDEFGHIJKLMN
OPDQRSTUVWXYZ

Aus den Kuckuckseiern kannst du ein beliebtes Tier zusammensetzen.

Lösungswort: ______________________

1 Unterstreiche in jedem Satz das Subjekt und rahme das Prädikat ein!

Leonie informiert sich im Tierlexikon über Streifenhörnchen:

Das Streifenhörnchen sammelt im Sommer Samen, Knospen und Früchte. Diese Vorräte trägt es in seine Vorratskammer. Den Winter verschläft das Tier im Erdbau.

1 Ordne jeder Person einen passenden Buchtitel zu!
Schreibe den richtigen Buchstaben ins Kästchen!

Nina wünscht sich eine Katze. ☐

Timo interessiert sich für Autos. ☐

Vati liest gerne Gruselgeschichten. ☐

Mutti sucht ein altes Rezept für Streuselkuchen. ☐

Lösungswort: ______________________________

1 Geheimschrift!
Ordne die Wörter mit ß richtig ein!

stoßen, süß, Fleiß, heißen, groß

_______ _______ _______ _______ _______

In jedem Nest liegt ein „Kuckucksei".
Streiche es durch!

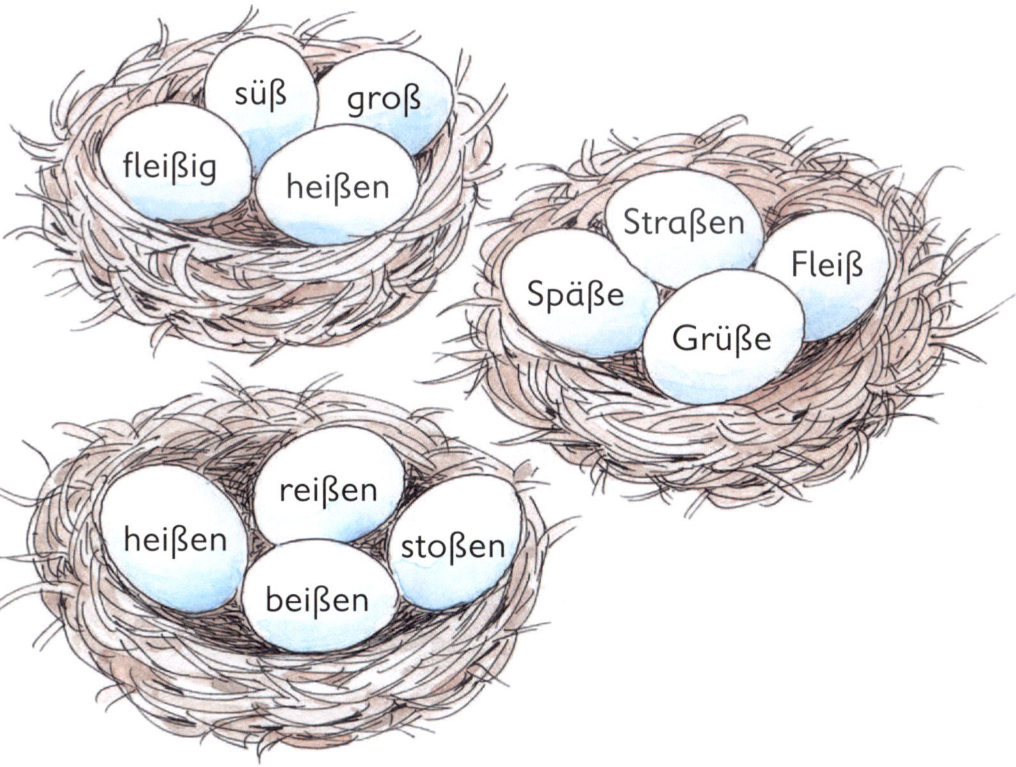

1 Leite von den Substantiven passende Adjektive ab!
Verbinde sie mit dem richtigen Eis!

Saft

Schmerz

Herr

Freund

Wolke

Fleiß

2 Schreibe die Adjektive nun auf
und markiere die Endungen farbig!

____

____

____

3 Ordne die Substantive aus
Aufgabe 1 nach dem Alphabet!

____

____

Lies genau! Ordne dann die Namen der Kinder richtig ein!

Tino sitzt im dritten Waggon.
Sabine fährt zusammen mit noch 21 Leuten.
Tom bleibt zu Hause.
Leon darf an der Tankstelle ein Eis kaufen.

	Bus	**Zug**	**Auto**
Name	______	______	______

1 Male nur die Felder mit zweisilbigen Wörtern aus! Was wünscht dir der Hund?

Lösung: ____

E = 15, I = 24, S = 44

EIS = 15 24 44

	1	2	3	4	5
1	A	B	C	D	E
2	F	G	H	I	J
3	K	L	M	N	O
4	P	Q	R	S	T
5	U	V	W	X	Y
6	Z	Ä	Ö	Ü	ß

1 Entschlüssele, was auf den Urlaubskarten steht!

22 43 51 65
11 51 44
12 15 43 32 24 34!

14 24 15
35 44 45 44 15 15
24 44 45
23 15 51 45 15
53 11 43 33!

1 Paar oder paar?
Setze die Wörter in den richtigen Ballon ein!

Schuhe, Federn, Wochen, Socken, Stiefel, Bücher

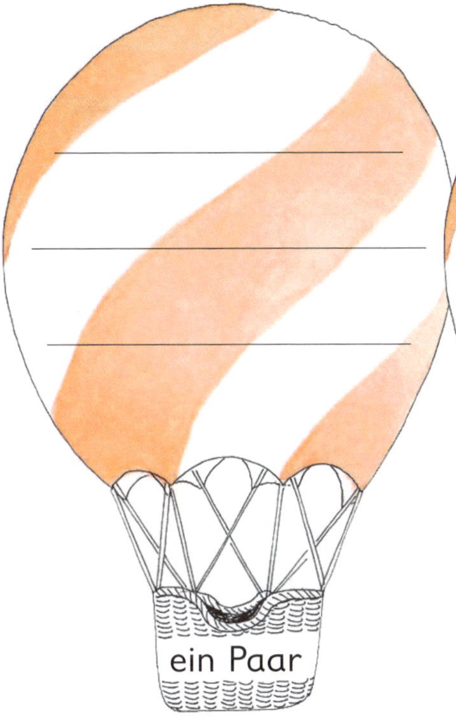

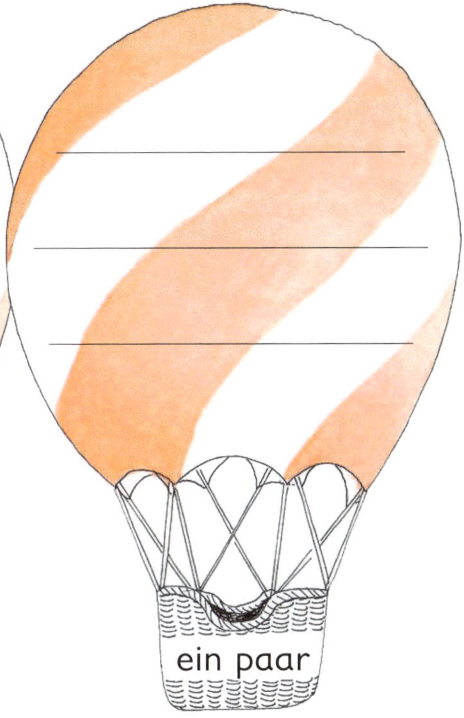

2 Schreibe aus jedem Ballon zwei Beispiele auf!

ein Paar Schuhe, ______________________

____

____

Bist du fit?

1 Bilde mit der Grundform kommen und den Bausteinen an-, ent-, be- und vor- Verbformen! Schreibe sie auf! |4

____

____

2 Setze nun die richtigen Verben aus Aufgabe 1 in die Sätze ein! |2

Der Dieb konnte leider ______________________________.

Wann werden wir im Urlaubsort ______________________________?

3 Kennst du wichtige Regeln? Finde das fehlende Wort und schreibe es in die Lücke! |3

Substantive schreibt man immer ______________________________.

Vor doppeltem Mitlaut steht ein ______________________________

Wörter kann man nach ______________________________ trennen.

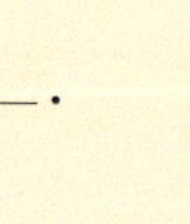

4 Trage die Wörter einer Wortfamilie in einer Zeile richtig in die Tabelle ein! | 3

Esser, leuchten, Kühlschrank, leuchtend, essbar, kühlen

Verben	Substantive	Adjektive

5 Ergänze die Tabelle in Aufgabe 4! | 3

6 Trenne die Wörterschlange und schreibe den Satz richtig auf! | 3

WIRWÜNSCHENEUCHNUNSCHÖNEFERIEN!

____

____

Du hast ☐ von 18 Punkten erreicht.

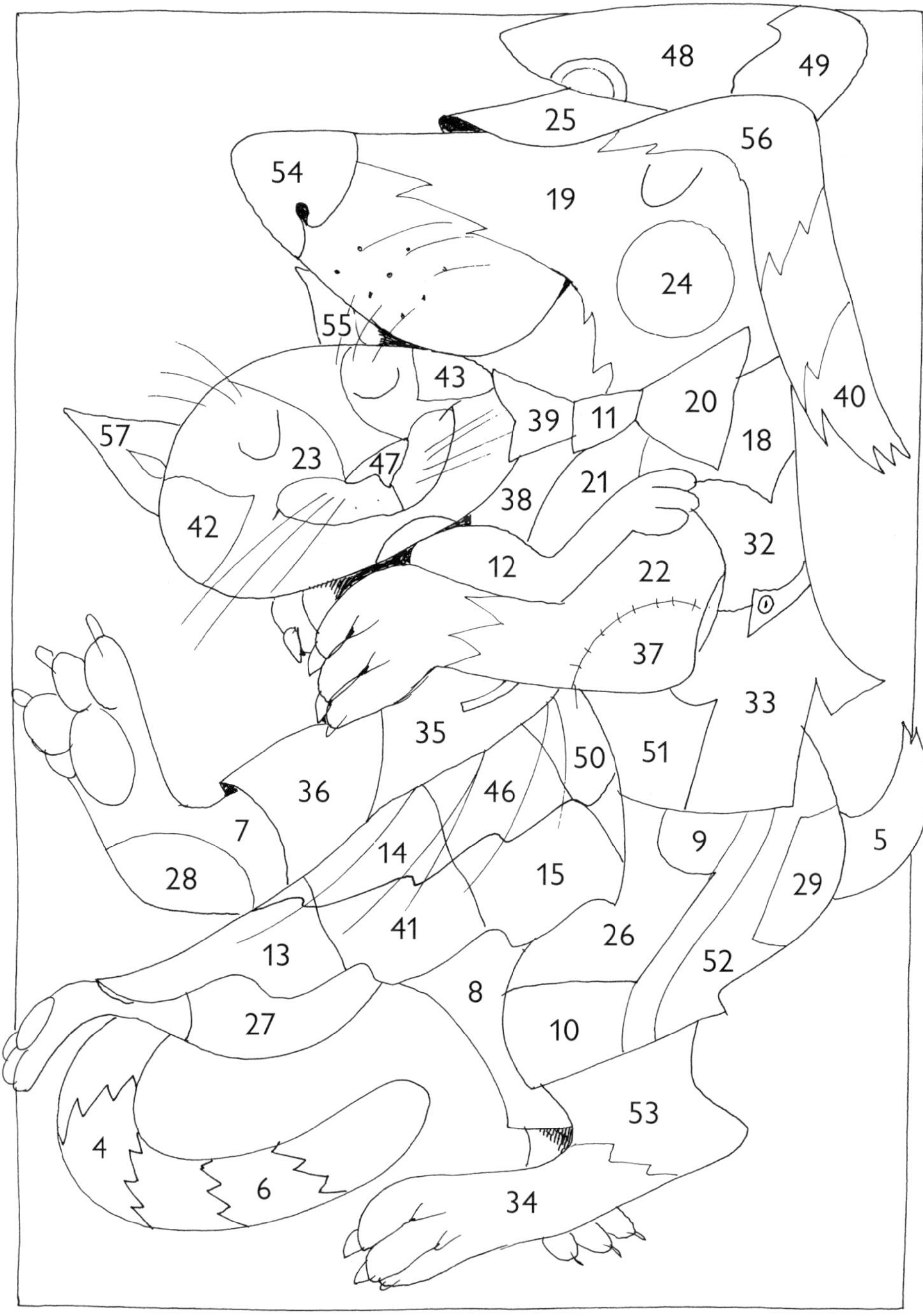
48
49
25
56
54
19
24
55
43
40
57
39
11
20
18
23
47
21
38
42
32
12
22
37
33
35
50
51
36
46
7
9
5
14
15
28
29
41
26
13
52
8
27
10
53
4
6
34

Lösungsseite

Seite 4

Nr. 1 Personen: Lehrer, Freundin, Schüler
Gegenstände: Tafel, Buch, Bank
andere Substantive: Wunsch, Ärger, Angst

Nr. 2 der Weg, das Buch, der Tisch, der Gruß, die Bitte, der Wunsch

Seite 5

Nr. 1 der Wasserhahn, die Sporthose, das Baumhaus, der Besenstiel

Badezimmermöbel, Kinderzimmerschrank, Klassenzimmertür

Seite 6

Nr. 1 der Hund, die Hand, der Hammer, das Hemd

Nr. 2 der Hammer, die Hand, das Hemd, der Hund

Nr. 3 Wir legen Hefte und Bücher bereit.

Seite 7

Nr. 1/2 der Berg, die Bank/der Dieb, das Sieb

Nr. 3 Paprika, Gurke, Kartoffel

Seite 8

Nr. 1

S	H	G	B	L	Ä	T	T	E	R	R
T	U	S	R	I	K	Ö	Z	R	H	E
U	L	E	I	C	H	E	L	N	W	I
R	D	W	E	H	E	N	M	T	J	F
M	C	Q	G	T	N	E	B	E	L	G
H	T	R	A	S	C	H	E	L	N	B
B	N	D	Ä	P	F	E	L	Ö	S	T
Z	K	A	R	T	O	F	F	E	L	E

Nr. 2 Sturm, Licht, Ernte, reif, Blätter, Eicheln, wehen, Nebel, rascheln, Äpfel, Kartoffel

Nr. 3 A B c d E F g h I J k l M N o p Q R s t U V w x Y Z

Seite 9

Nr. 1 bunt – Blätter, stark – Sturm, dicht – Nebel, braun – Eichel, reich – Ernte, lustig – Drachen

Nr. 2 bunte Blätter, starker Sturm, dichter Nebel, braune Eichel, reiche Ernte, lustiger Drachen

Nr. 3 Eichhörnchen: S. 116, Sp. 2/Grille: S. 137, Sp. 2/ Maus: S. 168, Sp. 1/Eule: S. 122, Sp. 2/ Ameise: S. 92, Sp. 2/Wurm: S. 234, Sp. 1

Seite 10

Nr. 1 Liegen die Äpfel im Korb? Leg die Äpfel in den Korb! Die Äpfel liegen im Korb.
Nimmst du einen Schirm mit? Du nimmst einen Schirm mit. Nimm einen Schirm mit!
Fege die bunten Blätter zusammen! Fegst du die bunten Blätter zusammen? Paul fegt die bunten Blätter zusammen.
Sammelt Eicheln auf! Wir sammeln Eicheln auf. Sammeln wir Eicheln auf?
Lösungswort: Wind

Seite 11

Nr. 1 wandern: der Wanderer, gewandert, du wanderst
wundern: bewundern, das Wunder, verwundert

Nr. 3 Die Familie geht heute in den Wald. Mutti nimmt den großen Korb mit. Sammelst du auch gerne Pilze?

Seite 12

Nr. 1 Gestern spielte ich mit Leon Fußball. Voriges Jahr kam er neu in unsere Klasse. Früher lebte er in einer anderen Stadt. Damals kannte er noch niemanden. Jetzt ist er mein Freund. Nun gehen wir sogar jeden Tag zusammen zur Schule. Heute sitzt er neben mir.

Nr. 2 gestern, voriges Jahr, früher, damals, jetzt, nun, heute

Seite 13

Nr. 1 Frosch, Tisch, Kuchen, Tasche, Licht, Fisch
Lösungswort: richtig

Nr. 2 ich sehe, gehe, stehe; er rechnet, schreibt, spricht; du siehst, fühlst, hörst; wir laufen, rennen, schleichen

Seite 14

die Ebbe, der Lachs, rütteln, Weihnachten, die Alpen

Nr. 1 Lieber Martin, wir treffen uns am Mittag an der großen Eiche. Sei pünktlich! Dein Hannes
Treffpunkt: an der großen Eiche; Zeitpunkt: am Mittag; Absender: Hannes; Adressat: Martin

Seite 15

Nr. 1 Frösche quaken im Schilf. Pferde wiehern auf der Koppel. Enten schnattern auf dem Teich. Hühner gackern im Stall. Ziegen meckern im Hof.

Nr. 3 H – E – S

Seite 16/17

Nr. 1 1 – Adler, 2 – fangen, 3 – fliegen, 4 – Herz, 5 – Hose, 6 – Rad, 7 – rennen

Nr. 2 der Korb – die Körbe; der Hut – die Hüte; der Weg – die Wege

Nr. 3 ich frage, er fragt, ihr fragt, du fragst, es fragt, wir fragen

Nr. 4/5 die Drachenschnur, der Apfelsaft, der Regenschirm

Nr. 6 Lara ging einkaufen. Sie holte viel frisches Obst.

Seite 18

Nr. 1 Brunnen, Kugel, Spiegel, Apfel, Stiefel, Kuchen

Nr. 2 die Ku-gel, der Brun-nen, der Spie-gel, der Ap-fel, der Stie-fel, der Ku-chen

Seite 19

Nr. 1/2 Prinz, Zwerge, Jäger, Stiefmutter

Nr. 3 Jäger, Prinz, Stiefmutter, Zwerge

Nr. 4 Schneewittchen und die sieben Zwerge

Seite 20

Nr. 1 Rapunzel ließ herab sein Haar. Rotkäppchen sah nur sehr große Ohren. Die Königin fragte oft ihren Spiegel. Wer hat auf meinem Stühlchen gesessen?

Seite 21

nk: Schrank, Punkt, krank
ng: Ding, eng, Klang
n-g: sin-gen, brin-gen, klin-gen
n-k: den-ken, schen-ken, dun-kel

Seite 22

Nr. 1 rodeln, du, Morgen, gehst

Nr. 2 Morgen gehst du rodeln.

Nr. 3 Rodeln gehst du morgen.

Nr. 4 Gehst du morgen rodeln?

Seite 23

einpacken, abklopfen, mitgehen, abholen, ausrutschen

Nr. 1 den Schnee abklopfen, ins Kino mitgehen, den Freund abholen, Geschenke einpacken, auf dem Eis ausrutschen

Nr. 2 abholen, abklopfen, ausrutschen, einpacken, mitgehen

Seite 24

Nr. 1 kennen, Sonne, rennen/Wetter, klettern, Schlitten/fassen, Wasser, Rassel

Seite 25

Heute rodeln wir ins Tal. Heute rodeln wir ganz schnell ins Tal. Heute sausen wir mit dem Schlitten ins Tal.

Nr. 1 ich sause, du saust, er saust, wir sausen, ihr saust, sie sausen

Seite 26

Nr. 1 wecken, bringen, reiten, stürzen, bilden

Nr. 2 Ich reite gerne im Trab. Wir bilden eine Mannschaft. Du bringst Oma Blumen. Mutti weckt mich rechtzeitig. Ich stürze auf Glatteis.

Seite 27

Nr. 1

E	E	I	N	S	K	E	R	N	Z
I	Z	E	H	N	C	K	E	N	W
N	C	K	E	Z	V	I	E	L	E
I	M	E	H	R	E	R	E	Z	I
G	S	A	V	I	E	R	I	C	K
E	W	E	N	I	G	E	Ü	C	K

Nr. 2 bestimmte Zahlwörter: eins, zehn, vier, zwei
unbestimmte Zahlwörter: einige, wenige, mehrere, viele

beachten, verzweifeln, Einsamkeit, vierteln, Elfen

Nr. 3 Summe: 26

Seite 28

Nr. 1 wecken, trinken, der Stecker, blinken, die Locke, drücken/die Mütze, das Herz, der Spitzer, schwitzen, der Schwanz, der Satz

Nr. 2 die Schnecke – die Decke, die Jacke – die Backe, die Mütze – die Pfütze, der Blitz – der Witz

Seite 29

Nr. 1 füttern – das Futter; der Wecker – wecken; siegen – der Sieg; der Bäcker – backen; blitzen – der Blitz

Nr. 2 backen, blitzen, füttern, siegen, wecken

Seite 30/31

Nr. 1 der Schrank – krank – der Dank; trinken – winken – sinken; springen – bringen – singen

Nr. 2 füttern – das Futter; sammeln – die Sammlung, rollen – die Rolle

Nr. 3 we-cken, er deck-te, ver-ste-cken, die Stre-cke, tro-cken

Nr. 4/5 Max springt im Regen fröhlich in die Pfütze. Ich spiele am Nachmittag gern mit Freunden.

Nr. 6 Springt Max fröhlich im Regen in die Pfütze? Spiele ich am Nachmittag gern mit Freunden?

Seite 32
Nr. 1 Mutti hatte gestern Geburtstag
Nr. 2 ging, deckte, schenkte, freute
Nr. 3 Mutti hat heute Geburtstag
Ich gehe leise in die Küche. Dann decke ich den Frühstückstisch. Vati schenkt Mutti schöne Blumen. Mutti freut sich sehr.

Seite 33
Nr. 1 federleicht, steinhart, eiskalt, uralt
Nr. 2 eiskalte Füße haben; ein uraltes Buch lesen; das federleichte Tuch schwingen; in steinhartes Brot beißen
Nr. 3 der Fahrer, die Zahl, die Wohnung

Seite 34
Nr. 1 Pilz, hüpfen, Napf
Nr. 2/3 hüpfen – schlüpfen; Pfütze – Mütze; tanzen – pflanzen
Nr. 4 hüp-fen, schlüp-fen, tan-zen, pflan-zen

Seite 35
Nr. 1 der Pferdestall, die Pferdedecke, die Pferdebox, die Pferdekutsche, der Pferdepfleger, die Pferdekoppel

Seite 36
Nr. 1/ drehen, fröhlich, blühen, die Reihe, das Frühstück
Nr. 2 Im Frühling ist es morgens heller als im Winter. Die Bienen fliegen wieder so fleißig wie im vorigen Jahr.

Seite 37
Nr. 1 der Stift, der Sprung, die Stunde, der Sport, der Stiel, der Spatz, der Stuhl, die Spitze
Nr. 2 Pfifferling: Pilz; Pfropfen: Verschluss; Pappel: Laubbaum

Seite 38
Nr. 1

K	B	R	X	E	P	U	S	K	Q	V	F	S
Ü	A	N	F	R	Ö	H	L	I	C	H	M	E
H	Z	L	U	E	S	R	E	I	H	E	G	H
L	O	M	S	H	G	E	H	E	N	L	C	E
P	S	I	Y	C	U	N	N	Ä	B	K	Y	N
R	W	L	S	B	Y	V	E	C	Ö	N	D	S
F	R	Ü	H	A	F	R	O	H	T	R	H	S

Nr. 2 kühl, das Reh, die Uhren, die Lehne, sehen, fröhlich, die Reihe, gehen, früh, froh

Seite 39
Nr. 1 ein schönes Märchen erzählen; wegen schlimmer Krankheit fehlen; das lahme Pferd führen; ins kühle Bad gehen
Lösungswort: toll
Nr. 2 schön – schöner – am schönsten; schlimm – schlimmer – am schlimmsten; lahm – lahmer – am lahmsten; kühl – kühler – am kühlsten

Seite 40
Nr. 1/3 Die kleine Ente schnattert. Der große Traktor knattert. Der geschickte Affe springt. Die schwarze Amsel singt.
Nr. 2 Wer oder was schnattert/knattert/springt/singt?

Seite 41
Nr. 1/2/3 Der Igel überwintert im Laubhaufen.
Ein junges Wildschwein heißt Frischling.
Das Reh knabbert die Knospen der Bäume an.
Die Meise baut im Frühling ein Nest.
Nr. 4 Früh flitzen fünf freche, flinke, flotte Füchse fort. Alle Wörter beginnen mit „f“.

Seite 42
Nr. 1/2 die kleine Maus – das Mäuslein; eine kleine Katze – ein Kätzchen; ein kleiner Vogel – ein Vöglein; das keine Kalb – das Kälbchen; ein kleines Lamm – ein Lämmchen; das kleine Huhn – das Hühnchen; ein kleiner Hase – ein Häschen
Nr. 3 A B c d e F G h i j K L m n o P Q r s t U V w x y Z

Seite 43
Bäume: Eiche, Kastanie …; Tiere: Igel, Eichhörnchen …; Obst: Birne, Pflaume …
Nr. 1 die Ameisen, der Fuchs, die Schmetterlinge, die Meisen, die Hasen, das Reh

Seite 44/45
Nr. 1 Früher reisten die Menschen mit der Kutsche. Heute fahren wir mit schnellen Autos.
Nr. 2 Satz 1: Wer reiste früher mit der Kutsche?
Satz 2: Was tun wir heute mit schnellen Autos?
Nr. 3 Satz 1: Präteritum; Satz 2: Präsens
Nr. 4 Opa fragt: „Fährst du mit dem Bus zur Schule?“
Nr. 5 Begleitsatz
Nr. 6 schnell
Nr. 7 Das Auto fährt schnell. Ein Expresszug fährt noch schneller. Aber das Flugzeug fliegt am schnellsten.
Nr. 8 er pflückte – pflücken; ich klopfte – klopfen; sie startete – starten

Seite 46

Nr. 1 abschließen, abschreiben, anschalten, anschauen, aufziehen

Nr. 2 Ich schalte das Schreibprogramm an. Dann ziehe ich einen Textrahmen auf. Jetzt schreibe ich den Text ab. Danach schaue ich mir meinen Text noch einmal an. Am Ende der Stunde schließe ich die Arbeit ab.

Seite 47

Nr. 1/2 die Spieluhr, die Eieruhr, die Wanduhr, die Funkuhr, die Küchenuhr, die Kirchenuhr, die Armbanduhr

Seite 48

Nr. 1 brüllen, gleiten, sammeln, fangen, leben, springen, fliegen, liegen, sagen, gehen, fressen

Nr. 2 Bienen sammeln fleißig Nektar. Die Katze fängt Mäuse. Der Löwe brüllt laut im Käfig. Eine Schlange gleitet lautlos.

Seite 49

Nr. 1/2 das Kamel, der Elefant, das Krokodil, das Lama, der Tiger, der Seehund

Nr. 3 Die Mücke summt, fliegt, schwirrt, sticht.

Seite 50

Nr. 1 die Clementine: Mandarine; der Hummer: Krebsart; der Jaguar: Raubkatze; das Wiesel: kleines Raubtier

Nr. 2 Ziel, Wiese, Fliege, Brief

Nr. 3 Wiese – Riese – niese; Fliege – Wiege – Ziege; Brief – tief – lief

Seite 51

Lösungswort: Hund

Nr. 1 Leonie informiert sich im Tierlexikon über Streifenhörnchen: Das Streifenhörnchen sammelt im Sommer Samen, Knospen und Früchte. Diese Vorräte trägt es in seine Vorratskammer. Den Winter verschläft das Tier im Erdbau.

Seite 52

Nr. 1 Nina wünscht sich eine Katze. – B; Timo interessiert sich für Autos. – U; Vati liest gerne Gruselgeschichten. – C; Mutti sucht ein altes Rezept für Streuselkuchen. – H
Lösungswort: Buch

Seite 53

Nr. 1 groß, stoßen, süß, heißen, Fleiß

heißen (kein Adjektiv), Fleiß (Nomen in der Einzahl), stoßen (Verb ohne ei)

Seite 54

Nr. 1/2 saftig, schmerzlich, herrlich, freundlich, wolkig, fleißig

Nr. 3 Fleiß, Freund, Herr, Saft, Schmerz, Wolke

Seite 55

Bus – Sabine; Zug – Timo; Auto – Leon

Nr. 1 Lösung: allen Kindern einen schönen Sommer

Seite 56

Nr. 1 Gruß aus Berlin. Die Ostsee ist heute warm.

Seite 57

Nr. 1/2 ein Paar Schuhe, ein Paar Socken, ein Paar Stiefel
ein paar Federn, eine paar Wochen,
ein paar Bücher

Seite 58/59

Nr. 1 ankommen, entkommen, bekommen, vorkommen

Nr. 2 Der Dieb konnte leider entkommen. Wann werden wir im Urlaubsort ankommen?

Nr. 3 Substantive schreibt man immer groß. Nach kurzen Selbstlaut folgt ein doppelter Mitlaut. Wörter kann man nach Silben trennen.

Nr. 4 Verben: leuchten, kühlen; Substantive: Esser, Kühlschrank; Adjektive: essbar, leuchtend

Nr. 5 essen, Leuchte, kühl

Nr. 6 Wir wünschen euch nun schöne Ferien!